Theo von Taane

Notizbuch

Weltbester Karatekämpfer!

Von:

Für:

Bibliografische Information der Deutschen Nationalbibliothek:
Die Deutsche Nationalbibliothek verzeichnet diese Publikation in der Deutschen Nationalbibliografie; detaillierte bibliografische Daten sind im Internet über http://dnb.dnb.de abrufbar.

Herstellung und Verlag: BoD – Books on Demand, Norderstedt

ISBN: 9783738610130

Weitere Motiv Notizbücher von Theo von Taane

Titel	ISBN
Weltbeste Tennisspielerin	9783738610055
Weltbester Angler	9783738610062
Weltbester Bauarbeiter	9783738610079
Weltbester Eishockeyspieler	9783738610086
Weltbester Gärtner	9783738610093
Weltbester Golfer	9783738610109
Weltbester Jäger	9783738610116
Weltbester Judokämpfer	9783738610123
Weltbester Karatekämpfer	9783738610130
Weltbester Kraftsportler	9783738610147
Weltbester Läufer	9783738610154
Weltbester Radfahrer	9783738610161
Weltbester Inline Skater	9783738610178
Weltbester Skifahrer	9783738610185
Weltbester Snowboarder	9783738610192
Weltbester Sportler	9783738610208
Weltbester Surfer	9783738610215
Weltbester Taucher	9783738610222
Weltbester Tennisspieler	9783738610239
Weltbester Volleyballer	9783738610246
Weltbester Wassersportler	9783738610253

...weitere Titel aktuell in Vorbereitung

Von Theo von Taane gibt es auch viele Witzebücher, Spiele, Kalender etc.
Einfach mal im Store nach ‚von Taane' suchen.

Viel Spaß!

Theo von Taane

Baseball 2 in 1
Tacticboard & Training Workbook

The 2 in 1 Tacticboard & Training Workbook for fast creation of coaching instructions/game tactics and schemes, doesn't only offer sport specific preprints (playing field and space for notes), but also a cover, usable as a dry erase panel (whiteboard pen is needed).

ADVANTAGES:

- notebook with sport specific preprints (playing field) for fast and simple sketching of coaching instructions/game tactics and schemes
- If all pages of the notebook are used, the cover is still a dry erase panel (tacticboard)
- Due to a handy format, the notebook can be comfortably used in any situation (e.g. on the way or on the playing field)
- Perfect for spontaneous collection of ideas or as a memorization tool
- Practical handling due to easy pocket format

Bibliografische Information der Deutschen Nationalbibliothek:
Die Deutsche Nationalbibliothek verzeichnet diese Publikation in der Deutschen Nationalbibliografie; detaillierte bibliografische Daten sind im Internet über http://dnb.dnb.de abrufbar.

Texte und Illustrationen: ***Theo von Taane***

Herstellung und Verlag: BoD – Books on Demand, Norderstedt

ISBN: 9783734749650